El poderoso océano

Shelly C. Buchanan, M.S.

Asesora

Jill Tobin
Semifinalista
Maestro del año de California
Burbank Unified School District

Créditos de publicación

Rachelle Cracchiolo, M.S.Ed., *Editora comercial*
Conni Medina, M.A.Ed., *Gerente editorial*
Diana Kenney, M.A.Ed., NBCT, *Editora principal*
Dona Herweck Rice, *Realizadora de la serie*
Robin Erickson, *Diseñadora de multimedia*
Timothy Bradley, *Ilustrador*

Créditos de las imágenes: pág.5 Charles V. Angelo/
Science Source; Contraportada iStock; pág.7 Gary
Hincks/Science Source; pág.9 (ilustración) Timothy
Bradley; pág.10 National Oceanic and Atmospheric
Administration, (fondo) Wikimedia Commons; pág.13
Alamy, (ilustración) Timothy Bradley; pág.18 Danté
Fenolio/Science Source; pág.19 NOAA Office of
Exploration and Research; pág.20 (ilustración) Timothy
Bradley; pág.22 Science Source; pág.23 (ilustración)
Timothy Bradley; pág.24 Claus Lunau/Science Source; las
demás imágenes cortesía de Shutterstock.

Teacher Created Materials

5301 Oceanus Drive
Huntington Beach, CA 92649-1030
http://www.tcmpub.com

ISBN 978-1-4258-4720-3

Contenido

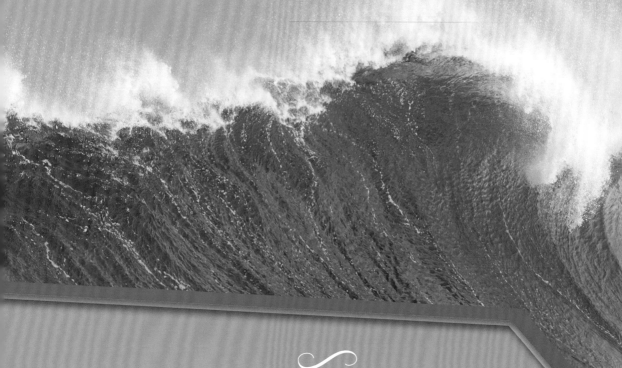

Un mundo de agua

El planeta Tierra es un lugar único. Es el único planeta en el sistema solar con agua líquida. De hecho, casi el 75 por ciento del lugar que llamamos hogar está cubierto de agua. Los científicos creen que el agua fue la clave para que el planeta desarrollara vida. Es de extrañar que llamemos al planeta *Tierra*. *Agua* hubiera sido un mejor nombre.

El agua toma muchas formas en el planeta. Los lagos, ríos, mares y estanques brindan a nuestro hogar hermosos paisajes. Pero el océano es el cuerpo de agua más inmenso y poderoso de todos. De toda el agua que nos rodea, el 96 por ciento se encuentra en el océano.

Los científicos continúan descubriendo cosas asombrosas en estas aguas agrestes. Con el uso de la tecnología moderna, los científicos pudieron descubrir un mundo submarino oculto. Pero aún queda mucho por descubrir. Después de todo, sabemos más sobre el espacio que sobre las oscuras profundidades del océano. De hecho, son alrededor de 500 las personas que han viajado al espacio, pero solo tres han llegado a la parte más profunda del océano.

Aunque conocemos cinco océanos, Ártico, Atlántico, Índico, Pacífico y Antártico, en realidad es un solo gigantesco cuerpo de agua: nuestro océano.

Investigación de la gran masa azul

Las personas siempre hacen nuevos hallazgos sobre el océano. En la actualidad, conocemos 47 especies diferentes de caballitos de mar. Y los científicos descubrieron 14 de ellos en los últimos ocho años.

caballito de mar amarillo

Cuando se formó la Tierra hace miles de millones de años, no había agua. Los gases de los volcanes formaron gran parte del agua de la Tierra. Los cometas también trajeron agua al planeta cuando se estrellaron aquí. Con el tiempo, el agua llenó los océanos. Hace millones de años había un océano inmenso llamado *Panthalassa*. La tierra del planeta estaba conectada en una gran masa llamada *Pangea*. La tierra cambió y se movió con el tiempo hasta llegar a la forma que tiene en la actualidad. Y continúa cambiando lentamente hasta el día de hoy.

Actualmente, existen cinco océanos. Aunque reciben nombres diferentes, están todos conectados. Esto constituye la porción más grande de la **hidrósfera**. La hidrósfera hace referencia a toda el agua líquida de la Tierra.

Existen maravillas debajo de la superficie del océano. Millones de años después de que se formara el océano, se originó la vida en sus aguas. Los océanos tienen una rica variedad de vida animal y vegetal. Los científicos han contado hasta ahora 230,000 especies. Pero sospechan que existen cuatro veces esa cantidad en espera de ser descubiertas. Incluso hay paisajes submarinos fascinantes. Debajo de la superficie del océano hay mucho más de lo que puede apreciarse a simple vista.

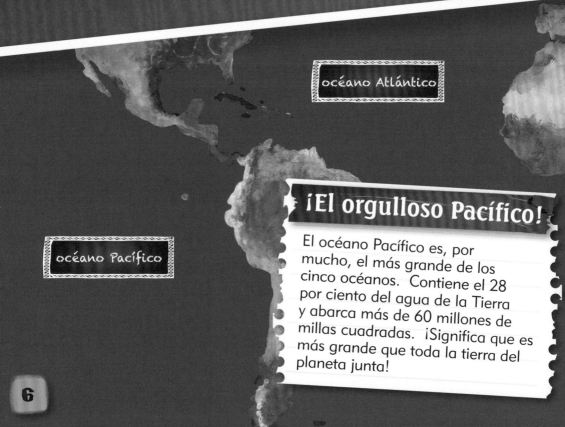

océano Atlántico

océano Pacífico

¡El orgulloso Pacífico!

El océano Pacífico es, por mucho, el más grande de los cinco océanos. Contiene el 28 por ciento del agua de la Tierra y abarca más de 60 millones de millas cuadradas. ¡Significa que es más grande que toda la tierra del planeta junta!

Un supercontinente

El mundo que conocemos hoy solía ser un inmenso supercontinente. Los científicos creen que Pangea comenzó a dividirse por una teoría llamada *deriva continental*. La teoría sostiene que la tierra se dividió y comenzó a moverse, y así se formaron continentes separados.

océano Pacífico

océano Índico

Panthalassa proviene del griego y significa "todos los océanos".

océano Antártico

La tierra bajo el agua

Si observas todos los océanos como uno solo, forman enormes cuencas, o tazones, llenos de agua. Se puede observar una cuesta al acercarse a los continentes. Pero hay partes grandes y planas en el océano que tienen miles de metros de profundidad. Al descender más en el océano, hay más presión y menos luz. Se crean diferentes capas submarinas que brindan diferentes tipos de hábitats para las plantas y los animales. Cada capa se divide en su propia zona.

Primero está la zona epipelágica. Allí se encuentra el 90 por ciento de la vida oceánica. La capa que sigue es la zona crepuscular. Esta región es fría y oscura, pero pasa algo de luz. La capa que sigue es la zona batial. Es completamente oscura y el agua es casi helada. Los animales que viven allí tienen un aspecto muy extraño. Debajo está la zona abisal. Allí se pueden encontrar peces que comen restos de alimento que caen de niveles superiores. Finalmente, las fosas oceánicas son los puntos más bajos de la Tierra. Hasta donde sabemos, son pocos los animales que pueden vivir en este medio ambiente tan inhóspito.

100%

••••○○

Las zonas del océano

Zona	Profundidad	Temperatura	Vida silvestre
epipelágica	De 0 a 200 m (de 0 a 656 pies)	De -2 °C a 36 °C (de 28 °F a 97 °F)	tiburón, tortuga de mar, coral
crepuscular	De 200 a 1,000 m (de 656 a 3,280 pies)	De 4 °C a 13 °C (de 39 °F a 55 °F)	medusa, camarón, dragón de mar, gusano marino
batial	De 1,000 a 4,000 m (de 3,280 a 13,120 pies)	4 °C (39 °F)	algas, rape, pez linterna, calamar
abisal	De 4,000 a 6,000 m (de 13,120 a 19,685 pies)	De 2 °C a 3 °C (de 36 °F a 37 °F)	erizos de mar, lirios de mar, calamar gigante
fosas oceánicas	6,000 m y más (19,685 pies y más)	De 1 °C a 3 °C (de 34 °F a 37 °F)	Los científicos comenzaron a estudiar esta zona hace poco tiempo.

zona epipelágica

zona crepuscular

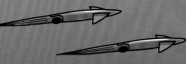

zona batial

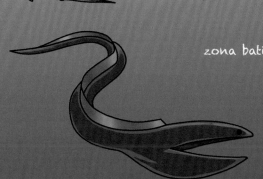

Exploración de la fosa de las Marianas

El abismo de Challenger es la parte más profunda de la fosa de las Marianas y el lugar más profundo del océano. Con una profundidad de más de 11,000 metros (36,000 pies), su profundidad supera la altura del monte Everest. Solo cuatro expediciones han llegado al abismo de Challenger. Jacques Piccard y Don Walsh fueron los primeros en llegar allí en 1960.

zona abisal

 En ocasiones, se conoce a las fosas oceánicas como la zona hadal. Recibe su nombre por Hades, el dios griego del infierno.

fosas oceánicas

Los paisajes submarinos son tan variados como los de la superficie. Existen llanuras amplias, inmensas cordilleras y grandes valles. Estas formaciones continúan desarrollándose y cambiando. Esto se debe a que la corteza terrestre, o capa exterior, se mueve.

La corteza se compone de grandes secciones de roca llamadas **placas tectónicas**. Estas placas se mueven y cambian lentamente. La Tierra duró alrededor de 230 millones de años en crear los continentes que conocemos en la actualidad. Donde se unen las placas tectónicas, se forman montañas, volcanes y fosas oceánicas profundas.

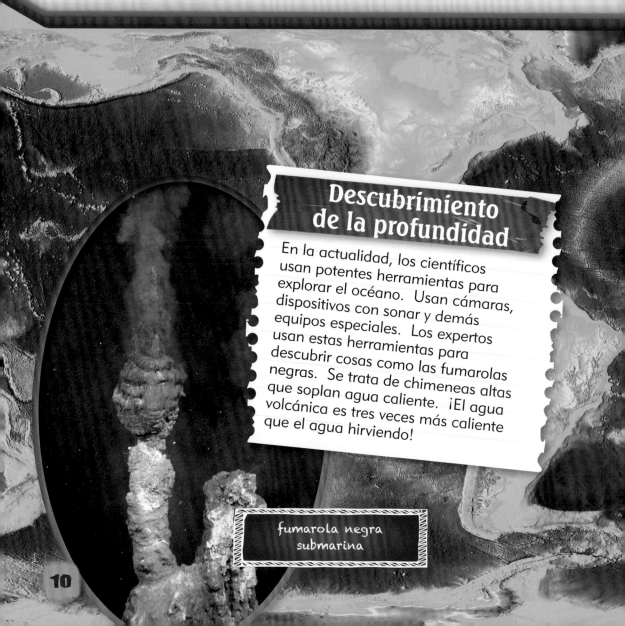

Descubrimiento de la profundidad

En la actualidad, los científicos usan potentes herramientas para explorar el océano. Usan cámaras, dispositivos con sonar y demás equipos especiales. Los expertos usan estas herramientas para descubrir cosas como las fumarolas negras. Se trata de chimeneas altas que soplan agua caliente. ¡El agua volcánica es tres veces más caliente que el agua hirviendo!

fumarola negra submarina

La tierra que está debajo del agua, la que está más cerca de la costa, es la **plataforma continental**. Es el borde de la tierra o del continente que está debajo del agua oceánica. En promedio, estas plataformas miden 65 kilómetros (40 millas) de ancho. La mayoría miden alrededor de 61 m (200 pies) de profundidad. Algunas miden más de 149 m (489 pies) de profundidad. Debido a que se encuentran en la zona epipelágica del océano, aquí abunda la vida marina. Muchos animales y plantas que conocemos viven o visitan esta área.

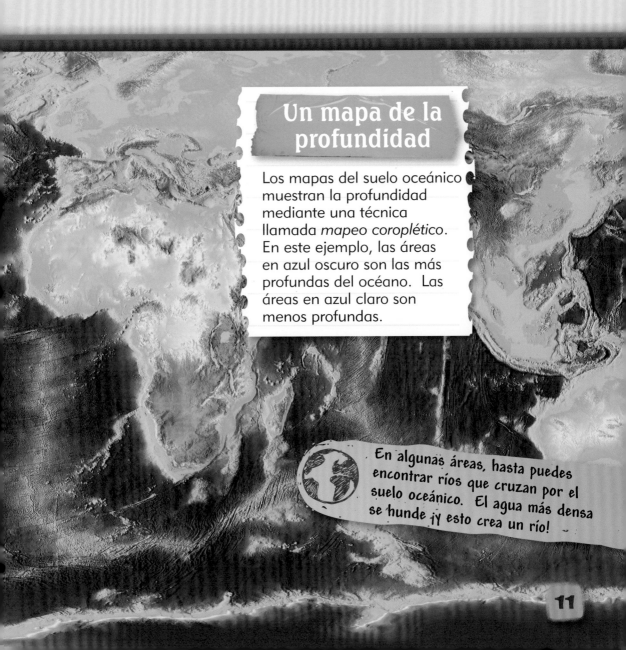

Un mapa de la profundidad

Los mapas del suelo oceánico muestran la profundidad mediante una técnica llamada *mapeo coroplético*. En este ejemplo, las áreas en azul oscuro son las más profundas del océano. Las áreas en azul claro son menos profundas.

En algunas áreas, hasta puedes encontrar ríos que cruzan por el suelo oceánico. El agua más densa se hunde ¡y esto crea un río!

Al bajar de la plataforma continental, el suelo oceánico desciende rápidamente y se sume en una fría oscuridad. Esta pendiente es el **talud continental**, y se extiende por miles de metros. En la parte inferior encontramos la **llanura abisal**. Esta inmensa área plana conforma el fondo de la cuenca oceánica. Estas enormes planicies componen el 54 por ciento de la superficie terrestre. En algunos lugares, las llanuras están salpicadas por acantilados rocosos y fosas oceánicas profundas. El movimiento de las placas tectónicas crea estos espectaculares paisajes submarinos.

Las placas que se abren permiten que la lava caliente salga lentamente del suelo y así se crean cordilleras. Algunos son volcanes activos que hacen erupción con una explosión de lava roja y ardiente. Algunas crecen hasta ser tan grandes que asoman por la superficie del agua. Muchos se vuelven arrecifes e islas.

Cuando las placas colisionan, una puede quedar debajo de la otra. Parte de la corteza es arrastrada debajo de la corteza terrestre. Así se forman fosas oceánicas profundas que pocas personas han explorado.

Aunque los océanos son como tazones gigantes, no son lisos como los que tenemos en la cocina. Tienen protuberancias, cordilleras y fosas profundas. Debajo de las aguas oceánicas, encontramos un mundo tan complejo como el de la superficie.

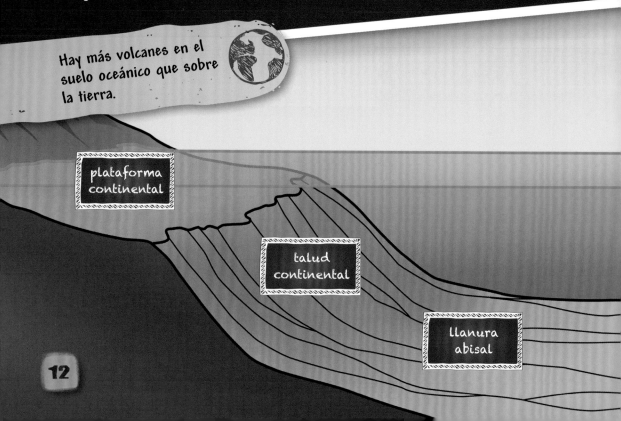

Hay más volcanes en el suelo oceánico que sobre la tierra.

plataforma continental

talud continental

llanura abisal

En la oscuridad

El talud continental tiene temperaturas heladas, alta presión y casi nada de luz visible. Los animales que viven en este lugar tienen algunas características inusuales que les permiten desarrollarse en un medio ambiente tan inhóspito. La mayoría de los organismos son de color oscuro, a diferencia de sus compañeros que viven en zonas menos profundas. Se debe a que es sumamente oscuro en esta parte del océano.

pez lobo

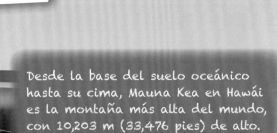

Desde la base del suelo oceánico hasta su cima, Mauna Kea en Hawái es la montaña más alta del mundo, con 10,203 m (33,476 pies) de alto.

cima de Mauna Kea

La vida en el océano

Los océanos de la Tierra están llenos de vida. Hay desde plantas **microscópicas** hasta inmensas ballenas azules. Probablemente conozcas algo de la vida oceánica. Pero existen muchas otras formas de vida que te sorprenderán. ¿Has oído hablar alguna vez del caracol lengua de flamenco o del calamar vampiro? ¡Los científicos dicen que aún quedan muchas plantas y animales oceánicos por descubrir!

caracol lengua de flamenco

Nuevos amigos

En La Jolla, California, cerca de las cuevas en el agua, puedes encontrar focas. Estas focas son muy juguetonas cuando están en el agua, ¡y algunas crías hasta se han subido a los kayaks de las personas que estaban por ahí! Estas criaturas costeras a veces necesitan un descanso mientras están en el agua.

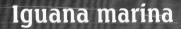

Iguana marina

Solamente un tipo de iguana vive cerca del océano, la iguana marina de las islas Galápagos. Esta criatura parecida a un dragón se sumerge en el océano desde las rocas cálidas de la isla. Ahí, se alimenta de algas. Para comer con más comodidad, esta iguana puede estar sin respirar hasta durante 20 minutos.

La costa

El hábitat costero es donde el océano se une con la tierra. Estas áreas pueden ser rocosas o arenosas, o ser marismas. Son el hogar de una gran variedad de criaturas que pueden adaptarse al subir y bajar de la **marea**.

En las costas arenosas puedes ver crustáceos como caracoles, cangrejos ermitaños y almejas navaja. Puedes ver aves costeras, como gaviotas y grullas, cazar estos deliciosos bocados. En las costas rocosas viven plantas y animales con un agarre fuerte. Pueden soportar el choque de las olas sobre rocas y piedras. Ahí encontrarás algas fuertes, con ventosas como raíces que las ayudan a permanecer plantadas en las rocas. Los animales como las anémonas de mar, los percebes y las estrellas de mar se han adaptado para vivir en las pozas de marea. Estas plantas y animales crecen a pesar de ser arrastrados por las olas.

Arrecifes de coral

En los arrecifes de coral viven la cuarta parte de las plantas y los animales del océano. Estos hábitats especiales se encuentran principalmente en regiones tropicales. Los corales son animales que crean estos bellísimos arrecifes. Construyen duros esqueletos exteriores. Los corales vivos son el hogar y el refugio de plantas y otros animales.

Pulpos, caballitos de mar, morenas y muchas otras especies disfrutan estos hábitats de aguas cálidas. Los tiburones y barracudas visitan estas áreas en busca de presas.

¡Se mira y no se toca!

Si alguna vez tienes la suerte de visitar un arrecife de coral, disfrútalo sin tocarlo. Si lo haces, puedes dañarlo. Asegúrate de no pisar el suelo marino. Los remolinos de sedimento desde el fondo pueden ahogar el coral. ¡Sé cuidadoso y respeta esta maravilla tropical!

Los pingüinos viven cerca del polo sur, no del polo norte.

kril

oso polar

El continente más solitario

La Antártida es el único continente que no tiene residentes humanos permanentes. Pero cada verano, alrededor de 4,000 científicos y personal de asistencia viven en el continente.

Polos congelados

Gran parte de los polos de la Tierra están cubiertos de hielo. Las temperaturas oceánicas bajan a niveles de congelamiento durante los oscuros meses invernales. Luego, en el verano no deja de brillar el sol.

Muchos animales **polares** acumulan grasa. Los ayuda a mantener un calor corporal adecuado. Tienen gruesas capas de grasa debajo de la piel. Permanecen abrigados durante los meses de invierno. ¡Los osos polares, las morsas y las ballenas saludables están todos rellenitos!

El agua polar está llena de nutrientes. Dicho alimento puede sostener la vida en hábitats tan inhóspitos como este. Diminutas criaturas llamadas *kril* viven en grupos de millones. Son la principal fuente de alimento de muchos animales polares.

Océano abierto

Gran parte del agua del océano es altamar, lejos de la costa y el suelo oceánico. La zona epipelágica que está más arriba en aguas abiertas tiene la mayor cantidad de vida oceánica. La vida ahí comienza con el fitoplancton. Se encuentran en la parte más baja de la cadena alimentaria. Estas diminutas plantas usan la energía solar para crecer. El zooplancton microscópico y otros animales oceánicos se comen el fitoplancton. Medusas, focas, ballenas y otros animales adoran comer estas delicias microscópicas. Los tiburones y otros peces más grandes también cazan ahí.

Si bien los científicos han llevado a cabo muchas investigaciones en la zona epipelágica, poco se ha investigado la zona crepuscular debido a la falta de luz. Ni siquiera llega la cantidad de luz suficiente para que puedan vivir las plantas. Los animales que viven en esta zona tienen que soportar grandes presiones. Ahí vive el calamar gigante. Algunas ballenas descienden hasta esta zona para cazar. Deben contener la respiración hasta 20 minutos cada vez.

Bestías bioluminiscentes

Algunos habitantes del océano profundo, como el pez linterna, son bioluminiscentes. Estas criaturas tienen en sus cabezas, colas o abdómenes, unos órganos que producen luz, llamados fotóforos. Lo usan como carnada para sus presas y para atraer pareja.

pez linterna

El mar de los Sargazos está ubicado en la mitad del océano Atlántico. A diferencia de la mayoría de los mares, no está rodeado de tierra, ¡está rodeado de más agua! El mar es su propio pequeño ecosistema. Las algas sargazo cubren la superficie del mar y les brindan alimento y refugio a los organismos que viven allí.

algas sargazo

Profundo y peligroso

Debajo de los 1,000 m (3,280 pies), el agua es totalmente oscura. Es la zona batial. Los depredadores ahí son feroces. Tienen ojos inmensos, dientes puntiagudos y filosas aletas.

Cerca del fondo viven criaturas verdaderamente inusuales, como el rape y el pez trípode. Muchos son totalmente ciegos. Después de todo, ¿quién necesita ojos cuando está totalmente a oscuras?

Movimiento oceánico

El agua del océano siempre está en movimiento. El océano se mueve en **corrientes** y mareas. El agua se retira de la costa y luego regresa. Muchas fuerzas trabajan para crear este movimiento.

Corrientes

Las corrientes oceánicas son poderosas corrientes de agua. Viajan como grandes ríos bajo la superficie del agua. Las corrientes son creadas por el viento, la gravedad, la rotación de la Tierra y la temperatura. Estas fuerzas mueven el agua por cientos y miles de millas. Este movimiento agita los nutrientes del suelo oceánico para que la vida marina se alimente. Las corrientes también mueven el calor del sol a través de las aguas oceánicas. Esto ayuda a regular las temperaturas del océano y de la tierra.

Olas

Las olas se forman en aguas abiertas. El viento empuja contra el agua y crea una onda. Estas olas continúan moviéndose a través del agua hasta que llegan cerca de la tierra. Cuando el agua es menos profunda, la parte inferior de la ola se detiene, pero no la parte superior. Hace que toda la ola tropiece contra sí misma y choque.

ondas

olas

arena

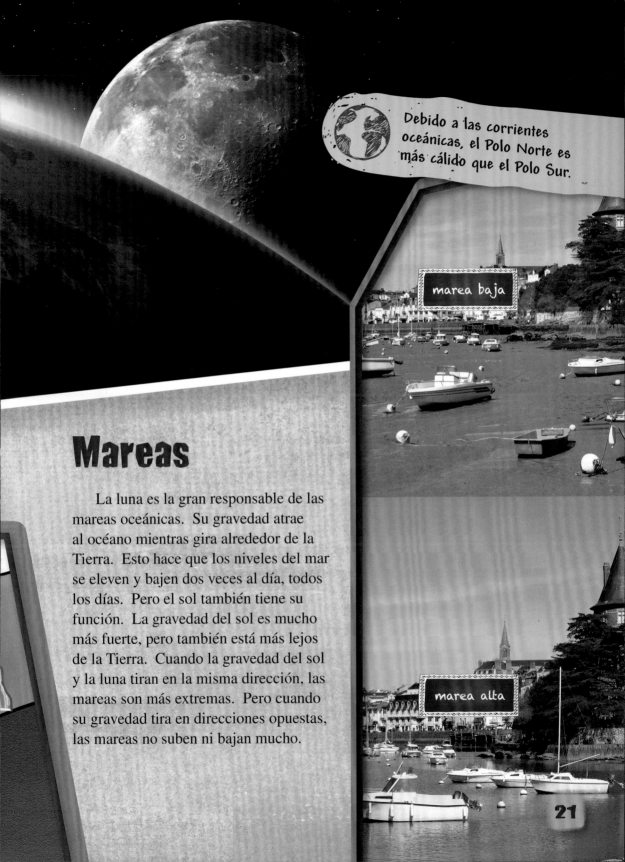

Debido a las corrientes oceánicas, el Polo Norte es más cálido que el Polo Sur.

marea baja

Mareas

La luna es la gran responsable de las mareas oceánicas. Su gravedad atrae al océano mientras gira alrededor de la Tierra. Esto hace que los niveles del mar se eleven y bajen dos veces al día, todos los días. Pero el sol también tiene su función. La gravedad del sol es mucho más fuerte, pero también está más lejos de la Tierra. Cuando la gravedad del sol y la luna tiran en la misma dirección, las mareas son más extremas. Pero cuando su gravedad tira en direcciones opuestas, las mareas no suben ni bajan mucho.

marea alta

Ciclo hidrológico

En donde sea que vivas en el mundo, el agua de la Tierra te afecta. El ciclo del agua, o **ciclo hidrológico**, es parte de los sistemas climáticos del mundo. Es responsable de la circulación del agua alrededor del mundo.

El sol calienta las superficies de la Tierra. Esta energía hace que el agua líquida se **evapore** y se convierta en vapor de agua. El vapor de agua se **condensa** en pequeñas gotas y forma nubes. El viento sopla las nubes por todo el planeta. Cuando las nubes reúnen la cantidad suficiente de agua, la **precipitación** cae al suelo. Puede caer en forma de lluvia, nieve, aguanieve o granizo, según las condiciones. Así, el agua regresa a la superficie de la Tierra. El suelo absorbe parte del agua. Pero la mayor parte fluye cuesta abajo hacia ríos y arroyos, que llegan al océano.

La temperatura del océano y las corrientes hacen que algunos lugares sean más cálidos y otros más fríos. El océano también proporciona el agua que luego vuelve a precipitarse, y así se distribuye el agua alrededor del mundo. Sin todo este movimiento de agua, el mundo sería un lugar muy diferente.

¿Lluvia salada?

Quizás te preguntes por qué la lluvia no es salada si proviene del océano. Cuando se evapora, se convierte en gas. El gas no puede llevarse la sal, entonces la sal se queda. Solo el agua del océano sin nada de sal es la que forma las nubes.

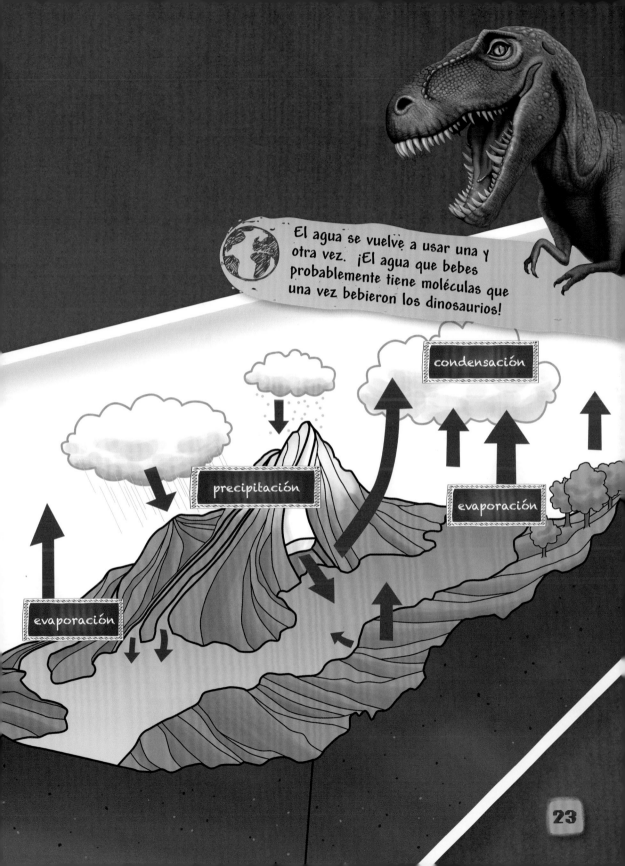

El agua se vuelve a usar una y otra vez. ¡El agua que bebes probablemente tiene moléculas que una vez bebieron los dinosaurios!

condensación

precipitación

evaporación

evaporación

Conexiones climáticas

El **clima** es el patrón a largo plazo de las condiciones del tiempo atmósferico de una región. El océano ayuda a regular el clima mundial. Es un equilibrio delicado. Sin él, ecosistemas enteros se verían alterados o destruidos.

¿Alguna vez te has parado descalzo afuera en un día caluroso? El suelo caliente pronto te quema los pies. Pero después, sumerges los pies en una agradable piscina. Tanto el suelo como la piscina estuvieron al sol, pero se necesita mucha más energía para calentar el agua, entonces permanece fresca. Una vez que el agua se calienta, tarda mucho en enfriarse.

Ahora piensa en toda el agua del océano. Ayuda a regular las temperaturas de todo el mundo. Sin ella, tendríamos calores muy intensos durante el día y temperaturas heladas por la noche. La vida podría no ser posible en esas condiciones. Quizás vivas lejos del océano, pero aun así afecta el clima de tu área.

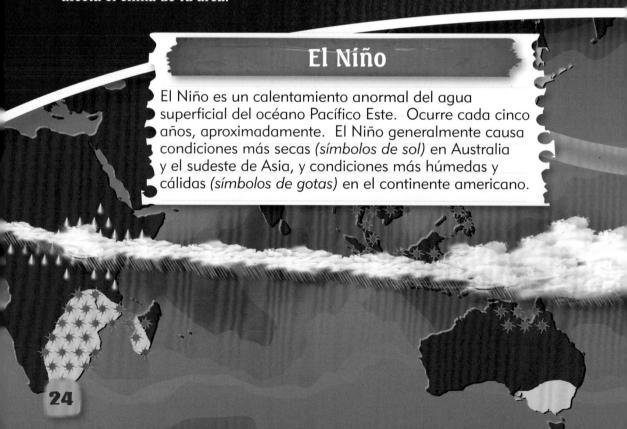

El Niño

El Niño es un calentamiento anormal del agua superficial del océano Pacífico Este. Ocurre cada cinco años, aproximadamente. El Niño generalmente causa condiciones más secas (*símbolos de sol*) en Australia y el sudeste de Asia, y condiciones más húmedas y cálidas (*símbolos de gotas*) en el continente americano.

Liberación de CO$_2$

Los océanos también disminuyen la temperatura de la Tierra absorbiendo partes de dióxido de carbono (CO$_2$) de la atmósfera. El dióxido de carbono contribuye a mantener el calor en la atmósfera. Pero cuando el océano absorbe el dióxido de carbono, es menos el calor que queda atrapado.

Proteger el océano

En el poderoso océano vive una gran variedad de vida marina. Los científicos aún no han descubierto ni la mitad. Lo que sí sabemos es que el océano es clave para mantener la vida en la Tierra. Es fundamental para nuestra supervivencia.

Los científicos saben que el océano está en peligro. La basura, los desechos industriales, los derrames de petróleo y las aguas residuales están contaminando el agua del océano. Esta contaminación está matando la vida marina. Y lo que no mata, envenena. Inmensos parches de basura flotan en aguas abiertas. Estas áreas contaminadas están ahogando a los animales. Existen también gigantescas manchas de petróleo sofocando a peces y aves.

Muchas empresas pesqueras usan equipos de alta tecnología y sobrepescan el agua. Sacan peces del océano más rápido de lo que pueden reponerse.

Juntos, podemos aprender cómo cuidar el poderoso e importante océano. Pide a tu familia y amigos que participen. Hasta reciclar puede marcar una gran diferencia.

Piensa en verde... o en azul

Todos podemos marcar la diferencia, y comienza contigo. He aquí algunos pasos simples para llegar a ese objetivo:

- Usa botellas reutilizables en vez de plástico.
- Desecha siempre los materiales peligrosos con cuidado.
- Recoge la basura. Deja los lugares más lindos de lo que estaban cuando llegaste.
- Informa a otras personas. Comparte lo que sabes sobre el océano.

Reciclar el plástico o no usarlo en absoluto puede disminuir la contaminación del océano en un 80 por ciento.

Piensa como un científico

¿Cómo interactúan el agua y la atmósfera? ¡Experimenta y averígualo!

Qué conseguir

- agua
- contenedor de vidrio grande
- contenedor pequeño o taza
- envoltorio de plástico
- roca o pesa pequeña

ENVOLTORIO DE PLÁSTICO

Qué hacer

1 Llena un contenedor grande con apenas unos centímetros de agua. Coloca el contenedor pequeño en el centro del contenedor grande.

2 Cubre el contenedor grande con un envoltorio de plástico. Coloca una roca o una pesa pequeña encima del envoltorio de plástico, centrado sobre el contenedor más pequeño.

3 Coloca el contenedor en un lugar con sol. Vuelve a observarlo algunas horas después. ¿Qué observas? ¿Qué crees que lo ocasionó?

Glosario

ciclo hidrológico: el ciclo mediante el cual el agua circula constantemente desde la Tierra hacia la atmósfera y nuevamente hacia la Tierra

clima: el estado usual del tiempo en un lugar

condensa: cambia la forma de gaseosa a líquida

corrientes: movimientos continuos de agua o aire en la misma dirección

evapore: cambie de líquido a gas

fosas oceánicas: zanjas angostas y largas en el suelo oceánico

hábitats: lugares donde viven determinadas plantas o animales

hidrósfera: toda el agua en la atmósfera y en la superficie de la Tierra

llanura abisal: un área grande y plana de tierra en el suelo oceánico

marea: la elevación o el hundimiento del agua superficial debido a la atracción gravitacional del sol y de la luna

microscópicas: extremadamente pequeñas, tan pequeñas que solo pueden verse con la ayuda de un microscopio

placas tectónicas: piezas gigantes de corteza terrestre que se mueven

plataforma continental: la parte de un continente que está debajo del océano y baja en pendiente hacia el suelo oceánico

polares: de o relacionados con los polos Norte y Sur o la región alrededor de estos

precipitación: agua que cae al suelo en forma de lluvia, nieve, granizo o aguanieve

talud continental: la pendiente marcada de una plataforma continental hacia el suelo oceánico

Índice

¡TU TURNO!

Un poco puede ser mucho

El agua está en todo nuestro alrededor. Observa el agua en las diferentes etapas del ciclo del agua. Busca gotas de rocío sobre las briznas de hierba. Estudia detenidamente un charco después de una tormenta. Observa la escarcha por la ventana. ¿Qué puedes observar? ¿Qué etapa del ciclo del agua estás observando? ¿Qué etapa vendrá después?